UN VIAJE POR EL
UNIVERSO

Para la dinamización en el aula de *Un viaje por el universo*,
existe un material con sugerencias didácticas y actividades
que está a disposición del profesorado en
www.anayainfantilyjuvenil.com

PAPEL DE FIBRA
CERTIFICADA

UN VIAJE POR EL
UNIVERSO

JOSÉ LUIS OLTRA
ILUSTRACIONES DE SRTA. M

Índice

Introducción

Estás a punto de embarcarte en un viaje épico que te llevará más allá de la Tierra y en el que descubrirás las maravillas del universo.

Para este viaje no necesitarás equipaje. Puedes venir en bañador, con chaqueta o en pijama. Solo necesitas una cosa: tu curiosidad insaciable. Con ella podrás aprender sobre todo lo que el cosmos alberga. Así que busca algún lugar cómodo donde sentarte y prepárate porque aquí empieza nuestro viaje por el universo.

El origen del universo

En los inicios del universo, el tiempo y el espacio
no existían. Y de repente: ¡chas! Empezó todo. A aquel
comienzo lo llamamos **Big Bang.** En español eso significa
algo así como «gran explosión», y sin embargo no fue
grande ni fue una explosión.

En sus primeros instantes, el universo era increíblemente
pequeño, menor que una mota de polvo. Era tan pequeño
y estaba tan caliente que solo podía expandirse, solo podía
crecer. Al expandirse fue enfriándose, y al enfriarse pudieron
juntarse las diferentes partículas para formar los primeros
átomos.

Apenas veinte minutos después del Big Bang, en lo que tardas en leer uno o dos capítulos de este libro, el universo se enfrió demasiado y dejaron de formarse átomos. Fue tan poco tiempo que solo aparecieron átomos de **hidrógeno** y de **helio,** los dos elementos químicos más ligeros que existen.

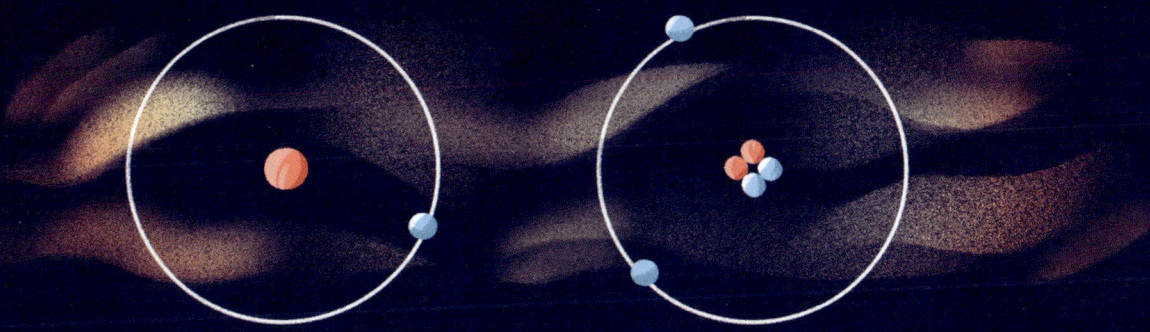

Los demás elementos, como el carbono que forma parte de todos los seres vivos o el oxígeno que respiramos, se formaron en el interior de las estrellas.

Si los primeros átomos se crearon en unos minutos, para que se formaran las **primeras estrellas** tuvieron que pasar millones de años. Surgieron a partir de nubes gigantescas que fueron contrayéndose poco a poco gracias a la gravedad. Cuando se juntan suficientes de estas nubes, se crean las galaxias.

A día de hoy creemos que existen miles de millones de **galaxias** diferentes esparcidas por todo el universo. Algunas son muy pequeñas y solo contienen algo más de mil estrellas, pero otras son gigantescas y contienen millones de estrellas.

Debido a la expansión que comenzó con el Big Bang, casi todas las galaxias se alejan las unas de las otras.

Nosotros habitamos una de esas galaxias: la **Vía Láctea.** Nuestra galaxia tiene forma de espiral, como si estuviera enrollándose sobre sí misma. Como la vemos desde dentro, tiene el aspecto de una franja llena de estrellas que cruza todo el cielo y se puede distinguir en las noches más oscuras.

La galaxia de **Andrómeda** es la más grande de nuestro vecindario galáctico. Tiene casi el doble de estrellas que la Vía Láctea. ¡Y se está moviendo hacia nosotros! Esto significa que dentro de muchos millones de años las dos chocarán.

Pero no tienes de qué preocuparte. Aunque las galaxias choquen, las estrellas que contienen están tan separadas que apenas lo notarán. Eso sí, los habitantes de la Vía Láctea del futuro tendrán unas vistas espectaculares cuando Andrómeda ocupe todo el cielo y brille intensamente.

Las maravillas de la Vía Láctea

Las protagonistas de la Vía Láctea son las **estrellas.** Las hay de muchos tamaños: algunas son más pequeñas que el Sol y brillan con un débil color rojo, y otras son mucho más grandes y brillan con un intenso color azul.

Lo que hace brillar a las estrellas es la fusión de los átomos en su interior. Las estrellas llegan al final de su vida cuando agotan ese combustible. Ese final será diferente según lo grande que sea cada estrella.

Las **enanas blancas** son lo que sobrevivió del corazón caliente de una antigua estrella de tamaño similar al Sol. Brillan como estrellas, pero son mucho más pequeñas, del tamaño del planeta Tierra. Como ya no generan calor en su interior, van enfriándose lentamente, perdiendo su brillo. El Sol se convertirá en una enana blanca dentro de muchos millones de años.

Enana blanca

Tierra

Sol

No todas las estrellas se convierten en enanas blancas cuando agotan su combustible. Las que son mucho más grandes que el Sol pueden llegar a formar una **estrella de neutrones.** Estas estrellas son tan densas que una cucharada de su material pesaría como una montaña entera.

Las estrellas más grandes pueden terminar convertidas en **agujeros negros,** unos objetos de lo más peculiares. Son tan compactos y pesados que nada puede escapar de la atracción de su gravedad. Ni siquiera la luz. Por eso se llaman «agujeros negros», porque atrapan toda la luz que llega a ellos.

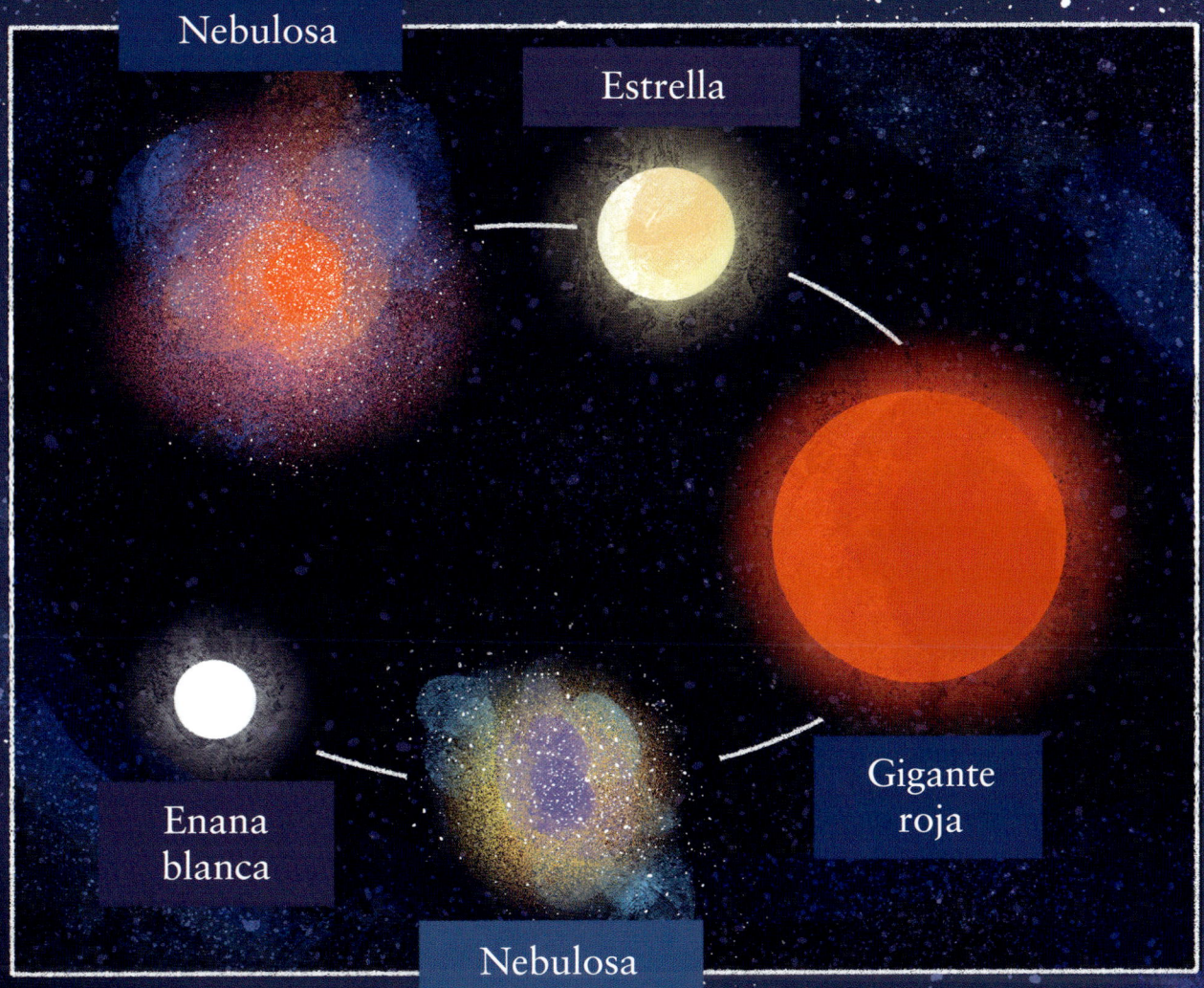

Nebulosa

Estrella

Gigante roja

Enana blanca

Nebulosa

Las **nebulosas** son gigantescas nubes de gas y polvo con formas y colores muy diversos. Hay dos tipos diferentes de nebulosas: unas se forman con lo que expulsa una estrella durante sus últimos días y otras, a partir de todo el material que lleva acumulándose lentamente desde el origen de la Vía Láctea. A partir de ellas nacen nuevas estrellas.

Con este ciclo van naciendo y muriendo las estrellas, creándose todo lo necesario para dar lugar a los planetas, asteroides y cometas que las acompañan.

El sistema solar,
nuestro vecindario en la galaxia

De entre los millones de estrellas que contiene
la Vía Láctea, hay una que es especialmente importante
para nosotros: el **Sol**. Ocupa el centro del sistema solar
y alrededor de él orbitan los ocho planetas con sus lunas,
pero también incontables asteroides y cometas.

El Sol y todo el sistema solar se formaron a partir de una
gigantesca nube de gas y polvo. Hace unos 5000 millones
de años, un pedacito de esta nube empezó a contraerse.
La mayoría del material acabó formando una estrella,
mientras que el resto formó todo lo demás, incluido
nuestro planeta Tierra.

El Sol es una estrella de lo más normal. No es ni muy grande ni muy pequeña. Brilla intensamente con un color entre blanco y amarillo porque su superficie está increíblemente caliente. Pero más caliente está su interior, donde se alcanzan temperaturas de millones de grados.

A pesar de no ser una estrella grande, el Sol es enorme comparado con la Tierra. Dentro de él podríamos meter más de un millón de copias de la Tierra y aún sobraría espacio.

El Sol es el único cuerpo del sistema solar que brilla con luz propia; el resto de cuerpos brillan solamente porque reflejan su luz, y es por eso que podemos verlos con nuestros telescopios.

De entre los millones de cuerpos que orbitan alrededor del Sol hay ocho que destacan: los planetas. Los cuatro planetas más cercanos al Sol son pequeños y compactos, los llamamos planetas rocosos. Los cuatro más lejanos tienen un tamaño mucho mayor y están compuestos principalmente de gas.

Mercurio: el más pequeño y el único que no tiene atmósfera.

Venus: su densa atmósfera atrapa el calor, convirtiéndolo en el planeta más caliente.

Tierra: el único planeta que alberga vida y el único con agua líquida en su superficie.

Marte: un mundo helado, con una fina atmósfera.

Júpiter: el más gigante de todos, es más pesado que todos los demás planetas juntos.

Saturno: lo rodean sus imponentes anillos y decenas de lunas muy interesantes.

Urano: orbita tumbado, con sus polos apuntando al Sol.

Neptuno: el más lejano de los planetas.

Nuestro hogar en el universo

La **Tierra** es el tercer planeta desde el Sol. Es el más grande de los planetas rocosos, y tiene una atmósfera bastante densa, que contiene principalmente nitrógeno y oxígeno, pero también otros gases como dióxido de carbono y vapor de agua. Gracias a esta atmósfera, puede retener parte del calor que le llega del Sol y puede mantener agua líquida en su superficie.

La Tierra gira sobre sí misma en un movimiento de rotación, el cual nos da el día y la noche. También se mueve en su órbita alrededor del Sol en un movimiento que llamamos traslación, y que tarda un año en completar.

Alrededor de la Tierra orbita la **Luna.** Nuestro satélite tarda unos 27 días en completar una vuelta y tarda exactamente lo mismo en girar sobre sí misma, por lo que siempre nos muestra la misma cara.

La Luna es bastante más pequeña que la Tierra y no es capaz de retener una atmósfera. Por eso los astronautas necesitan llevar un traje especial para andar por su superficie.

Hay quien piensa que la Luna aparece por el horizonte por la noche, cuando el Sol desaparece, pero eso solo coincide unos pocos días al año. El resto, también está presente durante el día y, aunque resulte más difícil, puede llegar a verse.

Los planetas rocosos

Mercurio es el planeta más cercano al Sol y el más pequeño de todos, y por eso no tiene una atmósfera a su alrededor. Está formado por materiales muy pesados y compactos. Las misiones espaciales que han visitado este diminuto planeta han observado que se contrae, por lo que en el futuro será todavía más pequeño.

Venus es casi tan grande como la Tierra, pero tiene una diferencia muy importante: su atmósfera es cientos de veces mayor que la nuestra. Es tan buena reteniendo el calor del Sol que en Venus hay más de 400 grados de temperatura.

Marte es un mundo frío y pequeño. Hace muchos millones de años, su atmósfera era mucho más grande y Marte era un planeta azul, como la Tierra. Cuando el interior de Marte se enfrió, desapareció su atmósfera y también sus ríos y mares. Aunque ya no quede agua líquida sobre Marte, hay mucha congelada en sus polos y en pequeños lagos subterráneos.

Marte tiene dos lunas muy pequeñas llamadas Fobos y Deimos. Estas lunas son asteroides que Marte capturó con su gravedad.

Los gigantes gaseosos

Júpiter es colosal. Por eso, a pesar de estar tan lejos, podemos verlo con un pequeño telescopio. También se pueden distinguir sus cuatro lunas más grandes: Io, Europa, Ganímedes y Calisto, aunque tiene muchas más.

Júpiter está compuesto principalmente de gas; todo él es una gran atmósfera. En las capas más altas vemos franjas más oscuras o claras, según los diferentes gases que contienen. Entre las capas se forman tormentas, como la Gran Mancha Roja, una tormenta más grande que la Tierra, que lleva activa cientos de años.

Saturno es el rey de los anillos. Estos anillos se formaron hace pocos millones de años, cuando una luna se acercó demasiado a Saturno y acabó despedazada por su intensa gravedad. Los anillos están formados de trozos de hielo diminutos y granos de polvo, que dan vueltas constantemente alrededor del planeta. Son increíblemente finos. Se extienden a lo largo de miles de kilómetros, pero solo tienen unos metros de grosor.

Alrededor de Saturno orbita Titán, la única luna del sistema solar con una atmósfera más densa y grande que la terrestre.

Urano orbita tumbado. Su eje de rotación está tan inclinado que apunta directamente al Sol. Alrededor de Urano conocemos unas treinta lunas. Todas ellas son mundos pequeños y helados. Urano tiene anillos, como Saturno, pero más pequeños. Su intenso color azul lo provoca el metano de su atmósfera.

Mientras que los planetas más cercanos al Sol se conocen desde la prehistoria, Urano no fue descubierto hasta 1781, gracias al astrónomo inglés William Herschel. Solo una nave ha visitado este planeta, la Voyager 2, que nos enseñó casi todo lo que sabemos sobre él.

Neptuno es el más lejano de todos los planetas. Está tan lejos que tarda 165 años en dar una vuelta alrededor del Sol. Brilla también con un intenso tono azul, como Urano. Alrededor de Neptuno conocemos unas quince lunas. La mayoría son pequeñas, pero hay una mucho más grande llamada Tritón.

Neptuno se descubrió en 1846 gracias a los cálculos matemáticos del astrónomo francés Urbain Le Verrier.

Las lunas más interesantes

La luna **Io** orbita tan cerca de Júpiter que la gravedad del planeta es capaz de calentar su interior hasta fundirlo. El magma de Io a veces llega a la superficie, formando volcanes. Io es el cuerpo del sistema solar con más volcanes, incluso más que la Tierra.

La luna **Europa,** en cambio, está cubierta de una capa de hielo de varios kilómetros de profundidad. Bajo ella, tiene un océano de agua líquida. Creemos que ese océano podría ser el sitio perfecto para albergar vida extraterrestre, pero aún no la hemos encontrado.

Ganímedes es la luna más grande de Júpiter y del sistema solar. Es más grande que el planeta Mercurio, pero, como está compuesta principalmente de hielo, es mucho más ligera. Como Europa, también tiene un gigantesco océano de agua líquida en su interior, con mucha más agua que la Tierra.

La luna **Encélado** orbita alrededor de Saturno y es diminuta. El agua líquida de su interior a veces escapa a través de grietas en la superficie de su polo sur.

Titán es la luna más grande de Saturno y es casi tan grande como Ganímedes. Orbita muy lejos de Saturno y de sus anillos. Titán tiene una atmósfera más gruesa y densa que la terrestre. En ella se han visto nubes e incluso lluvia, pero cuando llueve no cae agua, sino metano. En la Tierra el metano es un gas, pero en Titán hace tanto frío que se vuelve líquido y forma ríos y lagos que corren sobre su superficie.

Tritón es la luna más grande de Neptuno y una de las más grandes del sistema solar, pero, en sus orígenes, no era un satélite de Neptuno. Se formó más lejos del Sol, cerca de donde hoy orbita Plutón. En los inicios del sistema solar, Tritón se acercó demasiado a Neptuno, que consiguió capturarla con su gravedad. Tritón orbita en sentido opuesto al resto de lunas de Neptuno, y eso nos hizo sospechar de su origen. Si Tritón no hubiera sido capturada, sería el planeta enano más grande del sistema solar.

Plutón y otros planetas enanos

Los planetas y sus lunas son solo algunos de los muchos cuerpos que orbitan alrededor del Sol. Uno de los más famosos es **Plutón,** el planeta enano. Este pequeño mundo fue descubierto en 1918 por el astrónomo estadounidense Clyde Tombaugh.

Con el tiempo nos dimos cuenta de que Plutón era mucho más pequeño que los planetas. Orbita más allá de Neptuno, aunque en una parte de su recorrido se acerca más al Sol. A su alrededor orbitan cinco lunas. La mayor, Caronte, es casi tan grande como el propio Plutón.

Ceres es el planeta enano más cercano al Sol: orbita entre Marte y Júpiter. Es el objeto más grande del cinturón de asteroides y el único que tiene forma esférica, como los planetas.

Eris es el planeta enano más masivo. Es del mismo tamaño que Plutón, pero orbita más lejos; por eso tardamos más en descubrirlo.

Otros planetas enanos, como **Haumea** o **Quaoar**, tienen anillos, como los de Saturno, pero mucho más pequeños. Casi todos ellos tienen alguna luna diminuta orbitando a su alrededor.

Asteroides, cometas y auroras

Sin duda lo que más abunda en el sistema solar son los **asteroides,** que se diferencian de los planetas enanos por su aspecto irregular y deforme. Los asteroides tienen tamaños muy diferentes. Algunos apenas miden unos metros y otros, más de doscientos kilómetros.

Muchos se encuentran en la zona entre Marte y Júpiter, y forman el cinturón de asteroides, donde conocemos varios millones de objetos. Sabemos que cientos de asteroides tienen lunas, y pensamos que podría haber miles de ellos.

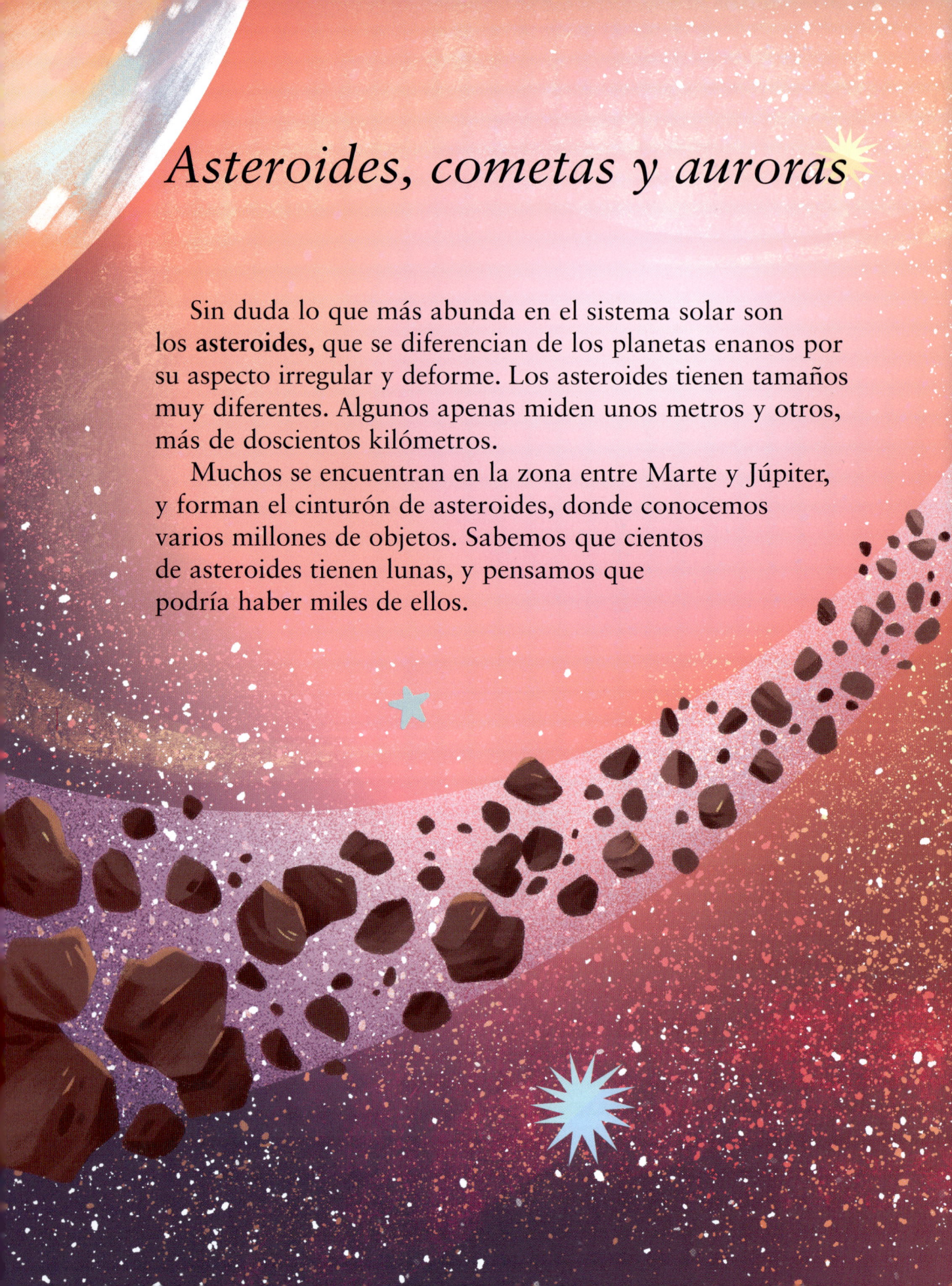

Los **cometas** también tienen formas irregulares, pero se distinguen de los asteroides porque están compuestos principalmente de hielo, y por su órbita alargada. Esto los lleva a acercarse mucho al Sol en una parte de su recorrido. El calor de nuestra estrella hace que expulsen gas y polvo, formando una estela que podemos llegar a ver brillar a simple vista. Luego su órbita los aleja del interior del sistema solar, llegando algunos más allá de Neptuno y desapareciendo de nuestro cielo nocturno.

Algunos cometas nos visitan cada varios años, como el cometa Halley. Cada 76 años, Halley viaja al interior del sistema solar, acercándose a la Tierra y brindándonos un espectáculo astronómico. La próxima vez que nos visite será en el año 2061.

Las **lluvias de estrellas** ocurren cuando nuestro planeta atraviesa una de las nubecillas que los cometas dejan a su paso. En estas nubes hay granos de polvo y hielo que caen a la Tierra a gran velocidad, ardiendo en la atmósfera antes de llegar al suelo.

Las **auroras,** por otro lado, tienen su origen en las partículas que expulsa el Sol constantemente, conocidas como viento solar. Estas partículas llegan a los polos guiadas por el campo magnético de la Tierra y hacen brillar nuestro cielo con sus espectaculares colores.

Eclipses

La Luna da vueltas alrededor de la Tierra que, a su vez, da vueltas alrededor del Sol. Durante esta danza cósmica a veces ocurre que los tres cuerpos se alinean, formando los eclipses.

Si la Luna se coloca entre la Tierra y el Sol, veremos cómo bloquea su luz momentáneamente durante el **eclipse solar**.

Si es la Tierra la que se coloca en medio de los otros dos, entonces veremos cómo la Luna pierde brillo durante las pocas horas que dura el **eclipse lunar.**

Podemos ver unos dos eclipses de cada tipo al año en diferentes partes del mundo. Los eclipses lunares se ven desde un hemisferio entero, mientras que los eclipses solares solo pueden verse desde una región mucho más pequeña.

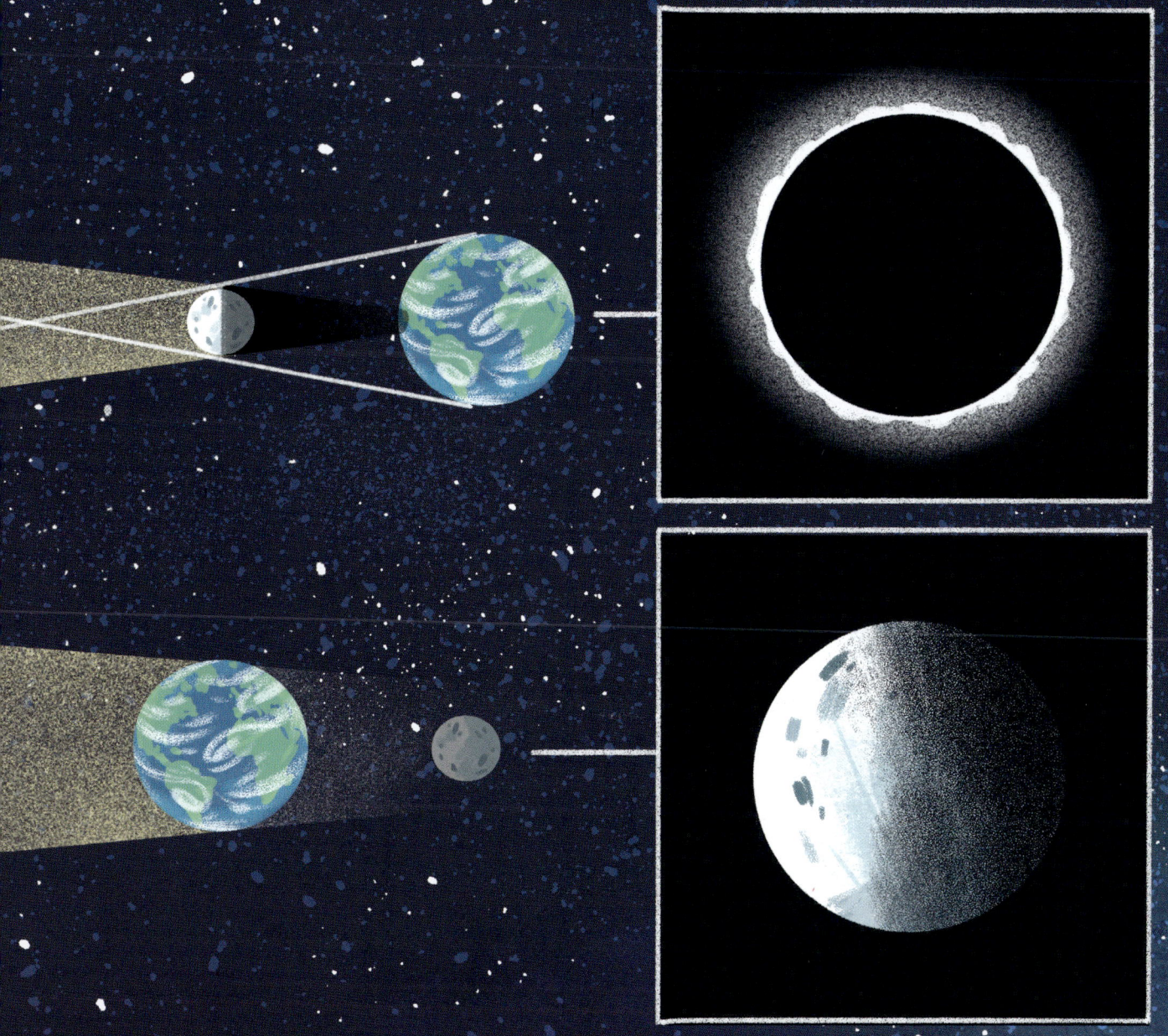

Otros mundos: los exoplanetas

El Sol es una estrella especial para nosotros porque estamos muy cerca de él, pero en la Vía Láctea hay muchísimas estrellas más. Además de tener tamaños y colores diferentes, las estrellas a veces se agrupan en un mismo sistema.

Las estrellas más cercanas al Sol están en el sistema **Alfa Centauri,** que contiene tres estrellas. Las dos más grandes orbitan muy cerca, y la más pequeña orbita a su alrededor desde mucho más lejos.

A los planetas que orbitan alrededor de esas estrellas los llamamos **exoplanetas.** En apenas unos años hemos descubierto más de 5000, pero pensamos que podría haber millones. Conocemos exoplanetas del tamaño de la Luna, y otros que son mucho más grandes que Júpiter.

Un tipo de exoplaneta muy interesante son las **supertierras,** planetas rocosos como el nuestro pero el doble de grandes. Algunos de ellos orbitan a la distancia precisa de su estrella como para que no haga demasiado frío ni calor, y podrían tener agua líquida sobre la superficie.

La ciencia más antigua: la astronomía

Todo lo que sabemos del universo lo hemos aprendido gracias a la astronomía. Esta ciencia es la más antigua de todas, pues para adentrarnos en ella basta con observar el cielo nocturno.

En la antigua Mesopotamia y en la India utilizaban la astronomía para medir el paso de las estaciones y los años. En la antigua Grecia profundizaron todavía más, construyendo los primeros **modelos del sistema solar** que colocaban a la Tierra en el centro y a la Luna, el Sol y los demás planetas dando vueltas a su alrededor.

Cada civilización fue poniendo nombre a las constelaciones. La mayoría de nombres y formas que han llegado a nuestra cultura provienen de los astrónomos griegos y árabes que vivieron hace más de mil años.

La revolución llegó con la invención del telescopio. **Galileo Galilei** utilizó un telescopio por primera vez para observar la Luna y Júpiter, y descubrió sus cuatro lunas más grandes. Sus observaciones ayudaron a afianzar el nuevo modelo del sistema solar de **Nicolás Copérnico,** que decía que era el Sol el que ocupaba el centro de todo.

Fue gracias a **Isaac Newton** que entendimos cómo los planetas daban vueltas alrededor del Sol. Era por la gravedad, la misma fuerza que hace a una manzana caer del árbol.

Poco a poco fuimos conociendo mejor el universo. A principios del siglo xx, **Edwin Hubble** se dio cuenta de dos cosas. La primera es que la Vía Láctea no es más que una entre incontables galaxias que llenan el universo. La segunda es que esas galaxias parecen alejarse de nosotros a gran velocidad. Hubble descubrió que el universo se expande.

A día de hoy, los misterios no parecen acabarse. Hemos descubierto que el cosmos está lleno de cosas que no entendemos. Apenas una pequeña parte del universo está compuesto de materia normal y corriente como la que forma una roca, el agua o una estrella. El resto parece estar compuesto de materia y energía oscuras.

La **materia oscura** rodea casi todas las galaxias conocidas y creemos que fue la responsable de que se formaran. La **energía oscura** podría estar acelerando la expansión del universo. No sabemos de qué están hechas, pero no nos cabe ninguna duda de que existen.

Los telescopios

El instrumento más importante de la astronomía es
el telescopio. Durante los últimos cuatrocientos años hemos
ido mejorándolos para estudiar todas las facetas del cosmos.
Los telescopios modernos nos permiten además ver luz que
nuestros ojos no pueden ver, como la luz ultravioleta o la
infrarroja. El telescopio más grande del mundo está en China
y sirve para detectar otro tipo de luz: las ondas de radio.

La atmósfera bloquea algunos tipos de luz, así que hemos enviado telescopios al espacio. El más importante de ellos es el telescopio espacial **Hubble,** que lleva más de treinta años fotografiando el universo y ha permitido incontables descubrimientos.

En 2021 se lanzó el telescopio espacial **James Webb,** que es todavía más grande y esperamos que nos permita descubrir mucho más. Es tan potente que ya ha sido capaz de medir la composición de las atmósferas de algunos exoplanetas y de observar el universo como era cuando las primeras estrellas y galaxias empezaron a formarse.

Cohetes, astronautas y carreras espaciales

Tras miles de años observando el universo, estudiándolo y descubriendo sus misterios y maravillas, no pudimos evitar la tentación de explorarlo cuando la tecnología lo hizo factible.

Los primeros **cohetes** se remontan a la Edad Media. En China fabricaban fuegos artificiales y pequeños cohetes con cañas de bambú rellenas de pólvora. Ya en el siglo xx, Robert Goddard inventó el cohete moderno, que utilizaba combustibles líquidos para impulsarse. Aquel primer cohete apenas podía levantarse unos metros del suelo, pero poco a poco se fueron construyendo cohetes más potentes para utilizarlos como armas y misiles.

En la década de 1950, los misiles ya podían alcanzar decenas de kilómetros de altura. Uno de estos misiles fue reconvertido en cohete espacial: el R-7 de la Unión Soviética. Este cohete fue el que puso al satélite Sputnik 1 en órbita en 1957, dando comienzo a la carrera espacial entre Estados Unidos y la Unión Soviética. La **carrera espacial** fue una competición entre los dos países más poderosos del mundo para ver quién conquistaba antes el espacio.

Apenas un mes después de aquel primer satélite, la Unión Soviética lanzó otro, esta vez con una perrita a bordo llamada **Laika.** Lamentablemente murió durante el viaje, pero se convirtió en el primer ser vivo en orbitar alrededor de nuestro planeta. Unos años más tarde, **Yuri Gagarin,** el primer astronauta de la historia, completó una órbita alrededor de la Tierra antes de volver a aterrizar.
La primera mujer en visitar el espacio fue la soviética **Valentina Tereshkova,** que pasó tres días en órbita.

Aunque Estados Unidos empezó más despacio, pronto alcanzó a su rival soviético en la carrera espacial, mandando multitud de astronautas y satélites al espacio. Durante los primeros años se enviaron también muchos animales. Desde los inicios de la exploración espacial, han visitado el espacio varios monos y primates, perros, gatos, tortugas, ratas y ratones, conejos, peces, ranas, arañas y muchos insectos.

La primera vez que pisamos la Luna

La carrera espacial llegó a su punto álgido con el alunizaje. En julio de 1969, Estados Unidos consiguió llevar a varios astronautas a la superficie de la Luna con la misión espacial Apolo 11. Tras tres días de viaje llegaron a la Luna. Mientras Michael Collins permanecía en órbita, **Neil Armstrong** y **Buzz Aldrin** bajaron hasta el suelo lunar. Pasaron unas horas trabajando sobre la Luna e hicieron múltiples experimentos. También recogieron varios kilos de roca lunar, para traerla de vuelta a la Tierra donde los científicos podrían analizarla.

Una hazaña como esa debía repetirse, así que la NASA continuó con el programa Apolo y cinco misiones más lograron alunizar. En todas ellas, un astronauta permanecía en órbita alrededor de la Luna mientras sus dos compañeros bajaban a investigar. Cada misión aprovechó para hacer experimentos diferentes. A partir de la misión Apolo 15, se utilizó una especie de coche adaptado al suelo y la gravedad lunar, que permitió a los astronautas explorar más territorio. En total trajeron de vuelta a la Tierra casi 400 kilos de material lunar.

Explorando el sistema solar

Enviar astronautas a la Luna es demasiado caro y, sin la tecnología apropiada, no es muy útil. Por eso una vez Estados Unidos ganó la carrera espacial, los esfuerzos se centraron en la exploración del sistema solar con sondas y naves. A día de hoy hemos visitado las cercanías de todos los planetas del sistema solar, de muchas de sus lunas y de diecisiete cuerpos entre asteroides, cometas y planetas enanos. Además hemos conseguido aterrizar en la Luna, Venus, Marte, la luna Titán de Saturno, asteroides como Ryugu o Bennu y el cometa Churyumov-Gerasimenko.

En la década de 1970 se lanzaron varias sondas con el objetivo de estudiar los planetas gaseosos. Las sondas **Voyager 1 y 2** visitaron Júpiter y Saturno, y la Voyager 2 visitó también Urano y Neptuno. La sonda **New Horizons** viajó durante nueve años y alcanzó Plutón en 2015, permitiéndonos conocer su sistema al detalle.

Todas estas sondas siguieron alejándose del Sol tras sus visitas a estos cuerpos y seguirán haciéndolo por siempre, surcando el espacio interestelar.

Otras sondas fueron diseñadas para orbitar alrededor de otros mundos y estudiarlos desde la cercanía. La sonda **Galileo** se convirtió en una luna más de Júpiter durante ocho años, en los que descubrió el vulcanismo de Io o el océano de agua líquida de Europa. La sonda **Cassini** acompañó a Saturno durante trece años, estudiando en detalle sus anillos, su pequeña y agitada luna Encélado, y permitiendo a la sonda Huygens aterrizar en Titán.

Tanto Cassini como Galileo acabaron siendo lanzadas a las profundidades de sus respectivos planetas para evitar contaminar sus lunas por accidente.

El planeta que hemos explorado más extensamente es sin duda Marte. No solo hemos mandado alrededor de treinta misiones exitosas al planeta rojo, sino que a lo largo de los años seis *rovers* han recorrido su superficie. Los *rovers* son como coches repletos de instrumentos científicos, con paneles solares, antenas y más cachivaches. Gracias a ellos hemos estudiado el pasado húmedo de Marte y podríamos descubrir vida en el futuro.

La Estación Espacial Internacional

Tras varias décadas de rivalidad, llegó el momento de la cooperación. Los esfuerzos de varios países se unieron en la construcción de la Estación Espacial Internacional, el objeto más caro creado por humanos. Es tan grande que puede verse como un puntito brillante en el cielo nocturno cuando pasa por encima de nuestras cabezas.

En la construcción de esta enorme estación espacial participaron **cinco agencias espaciales,** y científicos e ingenieros de quince países diferentes. La han visitado más de 250 personas de veinte nacionalidades distintas, incluyendo al español Pedro Duque.

Desde 2000 ha estado habitada permanentemente. En ella se llevan a cabo experimentos de muchos tipos, aprovechando las condiciones de microgravedad. La mayoría de astronautas que la visitan pasan unos tres meses viviendo allí, aunque algunas misiones han pasado más de un año seguido en la estación. Gracias a ellos empezamos a conocer los efectos sobre el cuerpo humano de los viajes espaciales de larga duración. Esta información será muy importante cuando visitemos Marte y otros cuerpos del sistema solar.

Españoles en el espacio

El astronauta **Pedro Duque** fue el primer español en viajar al espacio. Estudió ingeniería aeronáutica en Madrid, donde aprendió todo lo relacionado con los cohetes. Luego trabajó en la Agencia Espacial Europea y se convirtió en astronauta.

Visitó el espacio por primera vez en 1998, donde realizó experimentos junto a sus compañeros durante nueve días. En 2003 volvió al espacio y visitó la Estación Espacial Internacional durante diez días como parte de la Misión Cervantes. Desde entonces, Pedro Duque ha ayudado a entrenar a nuevos astronautas europeos.

En 2022, la Agencia Espacial Europea eligió a su nueva promoción de astronautas, entre los que hay dos españoles. **Pablo Álvarez** también es ingeniero aeronáutico y forma parte del cuerpo principal de astronautas que viajarán a la Estación Espacial Internacional o incluso a la Luna. **Sara García** estudió biotecnología y formará parte de la reserva de astronautas, por lo que también se entrenará como astronauta. A Pablo le gusta el tenis de mesa y el ciclismo, mientras que Sara practica artes marciales y paracaidismo.

Hora de volver a la Luna

Ha llegado el momento de volver a la Luna, y esta vez iremos para quedarnos. El programa espacial **Artemis** tiene como objetivo llevar astronautas a la Luna con misiones más largas y ambiciosas que las del programa Apolo. En aquella época, quienes visitaban nuestro satélite apenas permanecían unos días sobre él, pero ahora vivirán allí durante uno o dos meses.

En el programa Artemis participarán astronautas estadounidenses, europeos y japoneses, pero otros países como China y Rusia también tienen planes para visitar la Luna en el futuro.

Otro de los objetivos del programa es construir una estación espacial en órbita alrededor de la Luna, llamada **Gateway.** La estación servirá para conectar la Tierra y la Luna, pero también para preparar un posible viaje a Marte dentro de unos años. Se tarda tres días en llegar a la Luna, pero más de seis meses en llegar a Marte. La estación Gateway servirá para recopilar todo el material necesario para una misión de larga duración, y hacer realidad el sueño de viajar a otro planeta del sistema solar.